AF585867

EDICT DU ROY
PORTANT CONSTITUTION de cent mil liures de rente sur les Gabelles.

Verifié en Parlement le 27. iour de Juillet, Chambre des Comptes & Cour des Aydes le dernier Decembre 1629.

A PARIS,
Par ANTOINE ESTIENE, P. METTAYER & C. PREVOST, Imprimeurs ordinaires du Roy.

M. DC. XXX.

Auec Priuilege de sa Majesté.

OVIS par la grace de Dieu Roy de France & de Nauarre, A tous presens & aduenir, Salut. LES grandes & excessiues dépenses que nous auons esté contraints faire depuis quatre annees en ç'a, tant pour ranger nos Sujets rebelles à leur deuoir, que pour repousser les armes estrangeres de nos ennemis; nous ont osté le moyẽ de satisfaire en deniers comptans comme nous aurions biẽ desiré, nostre tres-cher & tres-amé Cousin le Duc de Nemours, de ce que nous luy pouuons deuoir à cause du Contract qu'il a passé auec nous pour raison du Duché de Chartres, que nous auons depuis donné en appanage à nostre tres-cher & tres-amé Frere vnique le Duc d'Orleans, & autres terres & pretentions que nostredit Cousin le Duc de Nemours nous a remises: pour raison dequoy ayant assigné nostredit Cousin sur aucune nature de deniers dont il n'auroit peu receuoir ſon payemẽt, il auroit recouru à nous pour luy eſtre pourueu, & ſupplié de luy faire deliurer en deniers comptans ce qui luy peut eſtre deu pour raiſon de ce, pour l'employer au payement de ſes creãciers, & par ce moyen ſe liberer des importunitez qu'il en reçoit tous les iours. En quoy deſirant contenter noſtredit Couſin, & pouruoir au payement de ce qui luy eſt ſi legitimement deu, nous auons conſideré d'où nous pourrions tirer des moyens pour acquitter laditte partie auec le moins de foule & vexations qu'il ſera poſſible de nos pauures ſubjets déja grãdement trauaillez: & croyant ne le pouuoir plus cõmodement faire & auec meilleur moyen, qu'en alienant quelque partie de nos Gabelles par forme de rente conſtituée, comme ont fait nos predeceſſeurs aux occaſions preſſantes, & toutefois moins fauorables: A CES cauſes ſçauoir faiſons, qu'apres auoir mis cét affaire en deliberation en noſtre Conſeil, où eſtoiẽt aucuns

Princes de noſtre ſang & autres Princes Officiers de noſtre Courõne, & autres grãds & notables perſonnages: De l'Aduis d'iceluy, & de noſtre propre mouuement, certaine ſciẽce, pleine puiſſance & autorité Royale, Nous auons dit, declaré, ſtatué & ordonné, diſons, declarons, ſtatuons & ordonnõs, que par perſonnes deuëment qualifiées, qui ſeront par nous commis & deputez, ſera vendu & aliené au Preuoſt des Marchands & Eſcheuins de noſtre bonne ville de Paris, iuſques à la ſomme de cent mil liures de rente annuelle & perpetuelle, reuenant en principal à la somme de seize cens mil liures, à icelle auoir & prendre sur les deniers de nos droicts de Gabelles & Greniers à Sel dependans de la Ferme des Gabelles de France, que nous auons dés à present declarez & declarons specialement & reellement affectez, obligez & hypotequez au payement & continuation desdites rentes, & ce outre & pardessus les ventes & constitutions qui ont esté faites par les Rois nos

prede-

predecesseurs & nous sur nosdits droicts de Gabelles: desquelles cent mil liures de rente, nous voulōs & entendons les ventes & constitutiōs particulieres estre faites par lesdits Preuost des Marchands & Escheuins, aux particuliers habitans de laditte ville de Paris & autres nos subjets qui volontairemēt les voudront acquerir, lesquels y seront receus en nous payāt en deniers comptans le prix principal à raison du denier seize: pour estre les deniers qui prouiendront desdites constitutions, receus par le Receueur & payeur des rentes constituées sur lesdites Gabelles qui sera en exercice, & par luy payez & deliurez à mesure qu'il les receura, au Tresorier de nostre Espargne ou au porteur de ses quittances : pour desdits deniers estre acquitté ce dont nous nous trouuerons redeuables enuers nostre-dit Cousin le Duc de Nemours, & le surplus en nos affaires de la guerre les plus pressées: pour desdites rentes ioüir par les acquereurs d'icelles, leurs hoirs, successeurs & ayãs cauſe plainemẽt & paiſiblement, en faire & diſpoſer comme de leur propre choſe, vray & loyal acqueſt, en vertu des Contracts deſdittes conſtitutions qui leur en ſeront faits & paſſez par ledit Preuoſt des Marchands & Eſcheuins de noſtreditte ville de Paris: & en eſtre doreſnauant payez par chacun an de quartier en quartier par leſdits Receueurs & payeurs des rentes conſtituées ſur noſdittes Gabelles, tout ainſi & en la meſme forme & maniere que s'aquittẽt les autres rentes ci-deuant conſtituées & aſſignées ſur icelles, en vertu de leurs quittances que nous voulons eſtre paſſées & alloüées en la deſpenſe des comptes des Receueurs ſans aucune difficulté: leſquelles rentes ne pourront ci-apres eſtre retranchées ou moderées pour quelque cauſe & occaſion que ce ſoit, & les acquereurs d'icelles depoſſedez, ſinon en les rembourſant actuellemēt comptant à vn ſeul payement des ſommes entieres pour leſquelles leſdittes conſtitutions leur auront eſté faites:

enſemble les arrerages qui leur pourront eſtre deus lors dudit rachapt, frais & loyaux couſts: leſquels Contracts & conſtitutions nous auons validez & autoriſez, validons & autoriſons par ces preſentes, & voulons qu'ils ayent pareille force & vertu comme s'ils eſtoient faits & paſſez en noſtre Conſeil. SI donnons en mandement à nos amez & feaux Conſeillers les Gens tenans noſtre Cour de Parlemẽt, Chambre des Comptes & Cour des Aydes à Paris, Preſidens & Treſoriers Generaux de France audit lieu, & autres nos Officiers & Iusticiers qu'il appartiẽdra, que cestuy nostre present Edict ils facent lire, publier & enregistrer, garder, obseruer & entretenir, & du contenu en iceluy ioüir & vser plainemẽt & paisiblement les acquereurs desdittes rentes, leurs hoirs & ayans cause, cessans & faisans cesser tous troubles & empeschemẽs au contraire, nonobstant quelques autres Edicts, Ordonnances, Mandemẽs, Defenses & Lettres à ce contraires; ausquelles & à la dérogatoire des dérogatoires y contenuës, nous auons dérogé & dérogeons par ces presentes: CAR tel est nostre plaisir. Et afin que ce soit chose ferme & stable à toujours, nous auõs fait mettre nostre seel à cesdites presentes, sauf en autres choses nostre droict & l'autruy en toutes. DONNE' au Camp deuant la Rochelle, au mois d'Aoust l'an de grace 1628. & de nostre regne le dix-neufiéme. Signé, LOVIS, & plus bas, Par le Roy, LE BEAVCLERC, à costé, visa, & seellé du grand ſeau de cire verte en lacs de ſoye rouge & verte. Et encor eſt écrit:

Regiſtrées, Oüy le Procureur General du Roy, pour eſtre executées ſelon leur forme & teneur, aux charges contenuës en l'Arreſt de ce iour. A Paris en Parlement le vingt-ſeptiéme iour de Iuillet 1629.

Signé, DV TILLET.

Leu, publié & regiſtré en la Chambre des Comptes, Oüy le Procureur General du Roy, par le commandement de ſa Majeſté porté par Monſieur le Comte de Soiſſons, Pair & Grand Maiſtre de France, aßiſté des Sieurs Mareſchal de Baſſompierre, de Roiſſy & de Bullion, Conſeillers en ſon Conſeil d'Eſtat, le dernier iour de Decembre 1629.

Signé, BOVRLON.

Leu, publié & regiſtré par le commandement du Roy porté par Monſieur le Comte de Soiſſons, aßiſté du Sieur de Baſſompierre & des Sieurs de Roiſſy & de Bullion Conſeillers és Conſeils d'Eſtat de ſa Maieſté, Oüy & ce conſentant le Procureur General, à Paris en la Cour des Aydes le trente-vniéme & dernier iour de Decembre l'an mil ſix cens vingt-neuf.

Signé, DE LAISTRE.

Collationné aux originaux par moy Conſeiller Secretaire du Roy & de ſes Finances.

www.ingramcontent.com/pod-product-compliance
Lightning Source LLC
LaVergne TN
LVHW012017170826
845678LV00004BA/1518

* 9 7 8 2 3 2 9 6 1 6 6 9 8 *